Endlich mitreden!

Peter Gitzinger · Linus Höke · Roger Schmelzer

IN 10 MINUTEN

VOM TRAUBEN-TROTTEL ZUM SUPER-SOMMELIER!

VORWORT

„Wissen ist Macht."

(Francis Bacon)

„Auch Pseudo-Wissen ist Macht."

(Ein Leser dieses Buches)

„Man braucht 10.000 Stunden, um auf einem Gebiet zum Experten zu werden."

*(Irgendein armer Trottel,
der dieses Buch nicht gelesen hat)*

Früher war Weintrinken in vielen Lokalen eine ganz einfache Sache: Wenn man den Wirt fragte, welche Weine er im Angebot hat, hieß es: einen roten und einen weißen. Punkt. Und im Freundeskreis war es auch nicht anders.

Heute ist Weintrinken Lifestyle, Wissenschaft und Weltanschauung in einem. Wenn du nicht weißt, was ein Clef du Vin ist und ob der letzte Jahrhundert-Jahrgang 2014, 2015 oder doch 2018 war, hast du dich innerhalb von Sekunden aus dem erlesenen Kreis der echten Weinkenner herauskatapultiert.

Im Klartext: Es kommt nicht darauf an, wie dir der Wein schmeckt, es kommt darauf an, wie dein Geschmack bei den anderen ankommt. Und natürlich, wie gut du Wissen übers Weintrinken vortäuschen kannst. In der neuen Wein-Welt stellen sich dir nämlich zahllose Fragen:

- Nebukadnezar oder Bag-in-Box?
- Feinherb oder halbtrocken?
- Cava oder Pet Nat?
- Robert Parker oder Luca Maroni?
- Und was zum Teufel ist der Unterschied zwischen TBA und TCA?

Du verstehst nur Bahnhof?

Dein Wein-Vokabular hört auf bei „Rosé", „trocken" und „Korkenzieher"? Dann hilft dir dieses kleine Buch. Es wird dich zu einem absoluten **Wein-Crack** machen, der die Wissens-Battle mit professionellen Sommeliers locker aufnehmen kann.

DIE BASICS

Dieses Buch soll dir dabei helfen, als fundierter Wein-Experte rüberzukommen. Dazu solltest du die folgenden Fakten über Wein kennen.

NICHT ALLE WEINE WERDEN MIT DEM ALTER BESSER

„Männer sind wie ein guter Wein: Je älter, desto besser." Jeder Wein-Guru weiß: Dieser Satz stimmt weder für Männer noch für Weine. Wer einen normalen Riesling länger als zwei Jahre in den Keller legt, hat so viel Ahnung von Wein wie Reiner Calmund von Magersucht. **Denn nicht nur für Weiße, auch für Rote gilt dasselbe wie für einen Patienten nach der OP: Lange liegen ist nicht immer gesund.**

TEURER WEIN IST NICHT IMMER BESSER

Schließlich passt dir auch nicht jede Jeans für 200 Euro besser als eine für 100. Und selbst wenn der teurere Wein besser bewertet wird, heißt das nicht, dass er dir auch besser schmeckt.

Für dich ist das allerdings völlig wurscht: Du bietest deinen Gästen trotzdem teure Weine an. Weil sie im Zweifelsfall denken: Ein Wein für 20 Euro MUSS besser sein als einer für zehn, sonst würde er ja nicht das Doppelte kosten. Und weil du das weißt, lässt du keine Gelegenheit aus, um zu erwähnen, wie viel genau dein Wein gekostet hat.

WENIGER TRAUBEN BEDEUTET BESSERE QUALITÄT

„Viel hilft viel." Dieses Sprichwort gilt nicht für Trauben. Solltest du also je auf einem Weinberg vor einem übervollen Rebstock kundtun: „Da wird bestimmt ein geiler Wein draus, da hängen ja mehr Trauben dran als Orden an der Uniform eines russischen Generals", dann muss dir klar sein, dass du dich damit bei Weinkennern auf das Level eines vinologischen Primaten katapultierst.

ROTWEIN WIRD MEIST ZU WARM GETRUNKEN

Es heißt, Rotwein sollte man bei Zimmertemperatur trinken. Dabei vergisst man schnell, dass es in der Wohnung im Sommer schon mal 40 Grad werden kann und der **Merlot auf dem Esstisch dann schlimmer schmeckt als eine abgestandene Cola,** die man zwei Minuten in die Mikrowelle gestellt hat. Alles über 20 Grad ist amateurhaft und lässt deine Gäste glauben, dass jeder obdachlose Pegeltrinker mehr über Wein weiß als du.

Es gibt viele Statements über Wein, die man immer wieder hört, die aber durch die häufige Wiederholung nicht richtiger werden. Natürlich solltest du als passionierter Weinliebhaber jederzeit in der Lage sein, das Falsche vom Richtigen zu unterscheiden.

DESHALB HIER DIE POPULÄRSTEN IRRTÜMER ÜBER WEIN:

ROTWEIN MACHT MAN AUS ROTEN TRAUBEN.

Klingt wie eine Selbstverständlichkeit, ist aber falsch. Rotwein macht man aus blauen Trauben. Weißwurst macht man ja auch nicht aus weißen Kälbern, und Kakao kommt nicht aus braunen Kühen.

NUR BILLIGE WEINE HABEN EINEN SCHRAUBVERSCHLUSS.

Auch diese weit verbreitete Annahme ist falsch. Bevor du also mit **großer Geste** einen Rotwein, den man dir geschenkt hat, in den Ausguss kippst, nur weil er einen Schraubverschluss hat, solltest du dich vorher informieren, ob es sich nicht beispielsweise um einen Blauen Spätburgunder für 50 Euro handelt. **Wäre schade ums Geschenk und tödlich für deinen Ruf.**

WEINE MÜSSEN ATMEN.

Müssen sie nicht. Bier, Orangensaft und Schweinekoteletts müssen ja auch nicht atmen. Also spar dir diese Pseudo-Weisheit, und bring nicht bei jeder Pulle Wein deinen sündhaft teuren Kristall-Dekantierer in Stellung, sondern nur, wenn der Wein ein Depot hat, beim Öffnen muffig wirkt oder noch sehr jung ist. **Auch hier ist es völlig egal,** ob eine dieser drei Punkte wirklich auf deinen Wein zutrifft, du musst nur so tun können als ob, aber vor allem: **ausführlich darüber reden können.**

CUVÉES SIND MINDERWERTIG.

Dieser Satz wäre dein Todesurteil in allen Runden, die nur ein ganz klein wenig mehr über Wein wissen als Heidi Klum über Quantenmechanik. Schlimmer wäre nur das Statement: „Ich mag keine Cuvées, ich bevorzuge Weine aus verschiedenen Rebsorten." Denn eine Cuvée IST eine Mischung aus verschiedenen Rebsorten. Klar: Eine Cuvée kann ein charakterloses Gesöff sein, aber daraus solltest du keine Regel ableiten. Nur Bayern- oder nur BVB-Fan ist auch nicht unbedingt besser, als Fan von beiden Klubs zu sein. ... Okay, vergiss das Beispiel! Vermeide einfach irgendein sinnloses Geschwafel über die Überlegenheit der Ein-Trauben-Tröpfchen, und leg dir stattdessen Sätze zurecht wie: „Diese Cuvée ist besser als jeder sortenreine Wein. Sie erinnert mich an die Glanzzeiten des Bordeaux." Das wird dein Image als Weinpapst nachhaltig untermauern.

NOTFALL-SET

Mit den Tipps in diesem Buch kannst du bei unbedarften Gelegenheits-Weintrinkern mächtig Eindruck schinden, aber manchmal wirst du auf echte Konkurrenten treffen, die genauso selbstbewusst lostönen wie du und dich als selbst ernannten Wein-Guru sogar noch überflügeln. Im schlimmsten Fall hat dein Gegenüber sogar tatsächlich Ahnung. Was dann?

GANZ EINFACH: DIE NERVEN BEHALTEN – UND UNSERE TIPPS FÜR DEN NOTFALL ANWENDEN!

NOTFALL-SET TIPP 01

FAKE-NEWS VERBREITEN:

Was US-Präsidenten und Internet-Trolle können, das kannst du auch: Munter draufloslügen (Fachbegriff: **„Alternative Fakten schaffen“**). Lass deinen Konkurrenten alt aussehen, indem du alle Umstehenden fröhlich und vor allem lautstark über die übelsten Pleiten und Pannen seiner Karriere als Weinkenner aufklärst:

„Vinum hat bei mir angerufen wegen der Geschichte, wie du einen Aldi-Wein für einen Domaine Leroy Musigny Grand Cru gehalten hast – aber keine Sorge, ich hab kein Wort verraten!“

„Ich soll dir übrigens von Ramona danke sagen – sie hat den trockenen Rivaner, den du ihr verkauft hast, dann doch nicht getrunken. Aber er gibt ein super Rattengift ab.“

DER HEISSE SCHEISS

Als potentieller Wein-Guru musst du immer auf dem Laufenden bleiben, kein neuer Trend darf dir entgehen. **Wir helfen dir dabei.**

BAG-IN-BOX-WEINE

Klingt wie der biblische *„alte Wein in neuen Schläuchen"* und ist es auch. Wein in Schläuchen oder Beuteln gibt es vermutlich, so lange es Wein gibt. Also seit ca. 7.000 Jahren. Nur ist der Beutel inzwischen nicht mehr aus Leder, sondern aus Plastik. Dann steckt man ihn in einen Pappkarton, damit man ihn besser tragen kann, gibt ihm einen englischen Namen – und fertig ist das coole Szene-Item. Früher hieß es: **„Wein im Fünf-Liter-Schlauch? Das kann nur eine fiese Plörre sein!"** Heute heißt es: **„Fünf Liter Bag-in-Box? Wie geil ist das denn?!"**

VEGANE WEINE

Einige werden sich jetzt fragen: Ist nicht JEDER Wein vegan? Die Antwort lautet: nein. Viele Winzer setzen tierische Klärungsmittel ein, um ihre Weine zu filtrieren, zum Beispiel Gelatine aus Schweineschwarten. Oder Rinderknochen. Oder Schwimmblasen von Fischen. Offensichtlich gilt beim Filtrieren: **„Je ekliger, desto besser."** Ob du selbst Veganer bist oder nicht – du solltest bei der Weinauswahl in jedem Fall berücksichtigen, dass zurzeit alles hip ist, wo „vegan" draufsteht. Oder willst du etwa vor deinen Freunden durch den achtlosen Genuss eines nicht-veganen Grauburgunders als skrupelloser Hedonist und Umweltzerstörer dastehen?

FUN FACTS

Der **Calmont** zwischen den beiden Weinbauorten Bremm und Ediger-Eller an der Mosel ist mit einer Neigung von über 60 Grad der **steilste Weinberg Europas**. Das erschwert die Traubenlese erheblich. Liegt beim Hausbau eine Dachneigung von über 60° vor, fordern die Vorschriften die Einrichtung einer Absturzsicherung.

DER HEISSE SCHEISS

AUTOCHTONE REBSORTEN

Auto … was? Riesling, Chianti oder Merlot – von solchen Standard-Rebsorten haben vielleicht die Weinkenner in der Frühsteinzeit geschwärmt. Heute muss es schon ein bisschen ausgefallener sein: Rotgipfler, Mourisco de Semente oder Xynomavro – das sind Trauben, mit denen du selbst versierte Weinkenner noch überraschen kannst. **Denn es sind sogenannte „autochtone Rebsorten“,** die nur in einem bestimmten Gebiet vorkommen.

FÜR DICH EINE WIN-WIN-SITUATION:

Fremdwörter wie „autochton“ lassen dich als den Gralshüter eines geheimen önologischen Wissens erscheinen, und die Auswahl eines solchen Weins beweist deinen Gästen nicht nur deinen zukunftsweisenden Geschmack, sondern auch, dass du ihnen keine 08/15-Plempe aus dem untersten Regal deines Stamm-Discounters auftischst.

Strikt vermeiden solltest du den Satz *„Ich ziehe einen Rivaner einem Müller-Thurgau vor".*

ACHTUNG!
Die beiden Rebsorten sind identisch.

Bei den Anbauregionen solltest du auf ein Höchstmaß an Exotik achten: Französische, italienische und spanische Weine sind zwar oft geschmacklich interessant, als Gesprächsthema aber so einschläfernd wie ein Wim-Wenders-Film im Nachtprogramm.

AUSSERGEWÖHNLICHE ANBAUREGIONEN

Deutlich angesagter ist es, wenn du vor deinen Gästen eine flammende Rede über die Vorzüge der slowenischen Zelen-Traube oder die vollmundige Edelsüße der ungarischen Furmint-Rebe hältst. Nebenbei machst du ein Fläschchen **„Sölviin"** auf, ein Weißwein aus der Rebsorte **„Solaris"**, vom nördlichsten Weinberg Deutschlands, der, wie du ganz lässig fallen lässt, „natürlich in Keitum auf Sylt beheimatet ist".

Eine spacige Traubensorte und eine außergewöhnliche Anbauregion – diese Kombination bringt dir den größtmöglichen Imagegewinn ein. Und nichts anderes ist dein Ziel.

DER HEISSE SCHEISS

PET NAT (PÉTILLANT NATUREL)

„Wenn Champagner ein black tie unter den dress codes ist, dann ist Pet Nat sloppy." So steht es auf der Website eines hippen Internet-Weinhandels zu lesen, und genau diesen Satz solltest du genau so auswendig lernen.

Der Pet Nat (niemals den vollständigen Namen „Pétillant Naturel" verwenden, das ist extrem uncool) war bis vor Kurzem nur ein Insider-Getränk bei französischen Wein-Nerds. Er war ursprünglich als stiller Wein geplant, weil er aber versehentlich nicht filtriert wurde, gärte „der Underground-Schäumer" in der Flasche nach, er ist also im Grunde ein halbfertiger Wein. Und genau das macht ihn zu etwas, was du deinen Gästen auf keinen Fall vorenthalten solltest. „Pet Nat steht für alternative, charakterstarke, oft auch mal aneckende Weine, […] er kommt meist undegorgiert und ungeschwefelt auf den Markt." Ein weiterer Satz zum Auswendiglernen, der deine Gäste in tiefer Demut vor deinem schier endlosen Wissen versinken lassen wird.

ABGEFAHRENE NAMEN UND ABGEFAHRENE WINZER

„Leider geil" oder **„Großstadt-Helden"**, das sind nicht die Titel deutscher Romantic Comedys aus den 1990er-Jahren, sondern **die Namen moderner deutscher Weine.** Der mittlerweile nicht mehr ganz neue Trend zum lustig-hippen Namen ist weiterhin ungebrochen. „Unser täglich Rot", „Nachts sind alle Burgunder grau" oder „Lesestoff" - der Fantasie sind keine Grenzen gesetzt.

DER NEUESTE TREND:

Es wird härter. So wie beim „Fuck Off Intolerance", einem weiß gekelterten Spätburgunder mit Stinkefinger auf dem Etikett. Der bisherige wortwörtliche Höhepunkt der Entwicklung ist der „Pornfelder", eine Cuvée aus Portugieser und Dornfelder. Mit Weinen, die solche Namen tragen, wirst du deine Gäste umhauen. Denn dank dieser Auswahl wissen sie:

Cool ist, wo DU bist.

DER HEISSE SCHEISS

Der abgefahrene Name des Weines sollte im besten Falle mit einem ebenso abgefahrenen Produzenten einhergehen, zum Beispiel den jungen Winzern von der Mosel, die die sogenannte „Kartell-Cuvée" auf den Markt gebracht haben.
Auf den Etiketten: Porträts der Winzer im Sträflings-Look, darunter der Claim „Verboten gute Weine". Mit solchen Tröpfchen wird deine private Weinverkostung zum Trend-Event.

FUN FACTS

Im Sketch Dinner For One (1963) trinkt Butler James Sherry (zur Suppe), Weißwein (zum Fisch), Champagner (zum Hühnchen) und Portwein (zum Obst) – und dazwischen eine kleine Vase mit abgestandenem Wasser. Eine Versicherung hat errechnet, dass der Schaden, den er während seiner unfreiwilligen Orgie anrichtet, die Summe von 2.120 Euro ergeben würde – jeweils 10 Euro für die Reinigung der Tischdecke und Erstattung des Essens, 100 Euro für die Reinigung von Fußboden und Teppich und 2.000 Euro für das Ausstopfen des ramponierten Tigerfells. James' pausenloser Alkoholkonsum sorgte auch dafür, dass die Sendung in Schweden bis 1969 verboten war.

NACHREIFUNG IN ALTEN WHISKEY- UND BOURBON-FÄSSERN

Dass Whiskey in alten Sherry-Fässern reift, ist bekannt. Aber dass Wein neuerdings auch in alten Whiskey-Fässern lagert, ist eher Insider-Wissen – und damit perfekt, um damit im Freundeskreis anzugeben.

Biete deinen verblüfften Gästen beispielsweise einen Weißburgunder an, der in einem Bowmore-Hogshead-Islay-Fass ausgebaut wurde. Dann erkläre ihnen, dass die malolaktische Gärung des Weines durch den noch vorhandenen Alkohol im Fass vier Wochen später als üblich eingesetzt hat und die Qualität des Lesegutes teilweise TBA-Level hatte. Deine Gäste werden genauso wenig wie du wissen, was sich hinter diesen kryptischen Begriffen verbirgt. Aber weil sie sich keinesfalls vor den anderen blamieren wollen, werden sie sich deiner maßlosen Bewunderung der olfaktorischen und sensorischen Qualität dieses außergewöhnlichen Weines anschließen. **Ziel erreicht!**

DER HEISSE SCHEISS

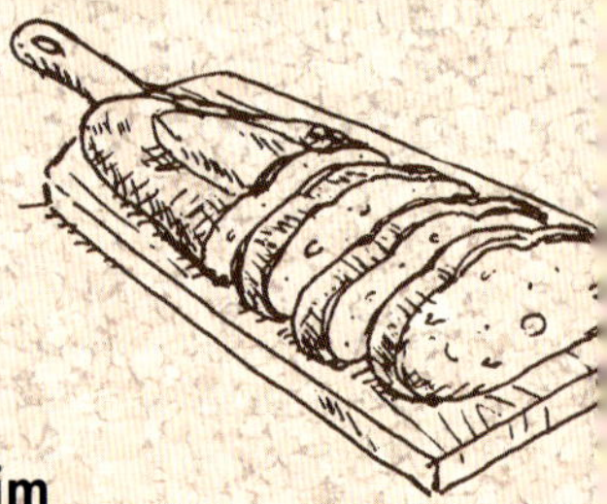

ROSÉ ALS GANZJAHRESWEIN

Früher sagte man: Einen Rosé kannst du nur im Sommer trinken. Und dann auch nur, wenn dich niemand dabei beobachtet, wie du diese fiese Plörre in dich reinkippst. Lange Zeit war Rosé in Weinkennerkreisen so anerkannt wie „Pommes Schranke“ in einem Drei-Sterne-Restaurant. Tatsächlich glaubten früher viele Konsumenten, Rosé produziere man, indem man weißen und roten Wein zusammenkippt und ein paarmal kräftig umrührt.

Im Jahr 2013 kam in Japan ein **Wein für Katzen** auf den Markt, der keinen Alkohol, aber dafür Katzenminze enthielt: der „Nyam Nyam Nouveau“. Trotz der Begeisterung der asiatischen Katzenfreunde fiel das Produkt beim Konsumententest durch: Nur jede zehnte Test-Katze fand sich bereit, das Gesöff überhaupt nur anzurühren.

Das ist natürlich Quatsch. Auch wenn eine solche Panscherei in einigen Fällen vermutlich schmackhafter gewesen wäre als so mancher Rosé. Heutzutage hingegen gilt man als **jämmerlicher Wein-Banause,** wenn man nicht weiß, dass ein kräftig ausgebauter Rosé sogar als **Ganzjahreswein** konsumiert werden darf.

Also serviere deinen Gästen ruhig mal zu einem deftigen veganen Gulasch einen spanischen Rosado Cabernet Sauvignon oder einen Rosato Primitivo aus Apulien – und du wirst vor ihnen als die Person erscheinen, die du sein möchtest: **ein versierter Weinkenner, der die neuesten Trends verinnerlicht hat.**

NOTFALL-SET TIPP 02

KAUDERWELSCH VERWENDEN:

Tu das, was Experten tun, wenn sie wollen, dass jedem klar wird, dass sie echte Experten sind: aufhören, sich verständlich auszudrücken. Sieh einfach dein Gegenüber bedeutungsvoll an und erwidere:

„Interessant, was du da über diesen Rioja erzählst. Erinnert mich ein wenig an eine alte baskische Weisheit: „Gela bira egin, irauli egingo dut."

Und damit lässt du alle stehen und stolzierst schwungvoll davon. Niemand muss wissen, dass der Satz bedeutet: *„Das Zimmer dreht sich, ich kipp gleich um."*

NOTFALL-SET TIPP 03

AUSREDEN FINDEN:

Hier lautet die Devise: Du würdest dein Gegenüber ja in Grund und Boden reden – aber du kannst leider jetzt gerade nicht. Dazu setzt du ein leidendes Gesicht auf und schreibst auf einen Zettel:
„Dieser Wein hat so viel Tannin – ich kann gerade meine Mundmuskulatur nicht mehr bewegen."
Das gibt dir eine Atempause, um dich aus der Schusslinie zu bringen.

NAMEDROPPING:

Eine verzweifelte Maßnahme, die du nur in großer Not anwenden solltest, wenn man dabei ist, dich als komplett ahnungslosen Banausen zu entlarven: Bitte um Ruhe und verkünde mit tränenerstickter Stimme, dass du gerade erfahren hast, dass dein alter Freund Robert Parker gestorben ist. **Fordere alle Anwesenden zu einer Schweigeminute auf** – nein, zu Ehren des Erfinders der Parker-Punkte zu 100 Schweigeminuten. Danach wird deine Notlage beendet sein – **allerdings auch der Abend.**

PIMP YOUR LANGUAGE

In kaum einem anderen Zusammenhang kommt es so aufs richtige Vokabular an wie beim Wein. Wie du dich ausdrückst, sollte allen klarmachen, dass nur unglückliche Zufälle dich daran gehindert haben, eine Karriere als Winzer oder Sommelier einzuschlagen.

Im Gegensatz zu anderen Lifestyle-Bereichen ist hier nicht Englisch oder Denglisch Pflicht, stattdessen solltest du so oft wie möglich italienische, spanische, vor allem aber französische Einsprengsel benutzen.

Zum Beispiel statt …

… Korkenzieher
→ **TIRE-BOUCHON** [tiʁ.bu.ʃɔ̃]

… Tafelwein
→ **VIN DE TABLE** [vɛ̃ də tabl]

… Probieren
→ **DEGUSTATION** [degystasjɔ̃]

Wichtig: genussvoll auf Französisch aussprechen, mit Accent auf dem „é“, also „Deeegüstaßßßßion“. Überhaupt solltest du an deinem französischen Akzent arbeiten. Mit deiner Aussprache solltest du mühelos den Eindruck erwecken können, dass du mindestens drei Jahre deines Lebens als Weinpflücker im Languedoc verbracht hast.

Damit kannst du überzeugend klarmachen, dass du absoluter Insider bist:

Ganz wichtig: Weinaromen solltest du beim Probieren ... nein: Degustieren extrem blumig in möglichst unsinnigen Satzkonstruktionen umschreiben können:

„EINE IDEE VON GERÖSTETEN KARAMELLISIERTEN MARSHMALLOWS, EINGEZWÄNGT IN EINE BRISE AUS ZIMT UND MODRIGEM WALDBODEN UND EINE ABSTEIGENDE KASKADE VON HYAZYNTHAROMEN."

„EIN HAUCH VON ERDIGFEINEM MOSCHUS, VERSTECKT HINTER EINER ANMUTUNG VON TURNSCHUH-GUMMI ..."

PIMP YOUR LANGUAGE

„FÜR MICH IST DAS TERROIR DES WEINS ENTSCHEIDEND UND NICHT DAS ALTER."

Außerdem solltest du in jedem denkbaren Zusammenhang das Wort **„Terroir“** [tɛr'ʀwa] fallen lassen. Mit „Terroir“ liegst du niemals falsch, **zumal niemandem so richtig klar ist, was der Begriff bedeutet.**

„ALSO WENN IHR MICH FRAGT, NUR DER GEMISCHTE SATZ ÜBERMITTELT DAS TERROIR."

„MHM, DAS IST MAL EIN ECHTER TERROIRWEIN!"

„DAS TERROIR MUSS MAN RIECHEN UND SCHMECKEN KÖNNEN."

Außerdem entscheidend: Du bist zwar kein Winzer, aber als Weinfreund hast du EINEN Winzer, der dich beliefert und mit dem du auf fast mythische Weise eine **Seelenverwandtschaft** eingegangen bist, sodass alle seine Geheimnisse und Kenntnisse auf dich übergehen. **Zumindest sollte es so wirken.**

FUN FACTS

Weltrekord.

Der Spanier Dionsio Sanchez trank im Jahr 1955 in nur 59 Minuten 18,9 Liter Wein, was ihm einen Eintrag ins Guinness-Buch der Rekorde brachte. Das entspricht umgerechnet 94,5 Gläsern à 0,2 Liter und einer durchschnittlichen Trinkgeschwindigkeit von 37,2 Sekunden pro Glas.

Also verwende **möglichst häufig** Formeln wie …

„WIE ICH NEULICH VON MEINEM WINZER ERFAHREN HABE …"

„GENAU WIE ICH IST AUCH MEIN WINZER DER MEINUNG, DASS …"

„MEIN WINZER HAT JA KÜRZLICH …"

PIMP YOUR LANGUAGE

Ansonsten ist es immer eine gute Taktik, möglichst viele Fachbegriffe in einem einzigen Satz unterzubringen. Der Vokabel-Overkill macht es schwieriger, dir im Zweifelsfall nachzuweisen, dass du kompletten Blödsinn geschwafelt hast:

„TRÄNE, VISKOSITÄT UND TEXTUR SAGEN MIR: DAS IST EINE CUVÉE."

„EIN ECHTER KULTWEIN, DAS HABE ICH SCHON BEIM AVINIEREN GEAHNT – FÜR MICH HUNDERT PARKER-PUNKTE …"

„NUR DER ECHTE GEMISCHTE SATZ MACHT ES MÖGLICH, BEI DER DEGUSTATION DAS TERROIR ZU BESTIMMEN."

„SEHR ADSTRINGIEREND UND NERVIG, DIESER TROPFEN, AUF MICH WIRKT ER NOCH ETWAS VERSCHLOSSEN."

„DAS ÜBERRASCHENDE BOUQUET NACH DEM CHAMBRIEREN DEUTET AUF EINEN BLOCKBUSTER HIN …"

AUF KEINEN FALL SOLLTEST DU DIE FACHBEGRIFFE VERWECHSELN.

ES HEISST:		NICHT:
Blindprobe	→	Blindschleiche!
Entrappen	→	Entschimmeln!
Großes Gewächs	→	Großes Gemächt!
Kabinett	→	Kadett!
Maische	→	Moschee!
Moussieren	→	Massieren!
Oechsle	→	Stierle!
Parker-Punkte	→	Parker-Kuli!
Terroir	→	Terror!
Weinstein	→	Klostein!

MUST HAVES

WEINKÜHLSCHRANK:

Klar, du könntest deinen Weißwein auch ganz einfach in deinem Kühlschrank aufbewahren, bis er die gewünschte Temperatur hat. **Aber mal im Ernst – der gute Grauburgunder** zwischen grober Leberwurst, Dosenfleisch und halb vergammelter Mayonnaise? Wenn du unmissverständlich klarmachen willst, dass in deinem Haushalt **ALLES im Zeichen des Weingenusses** steht, muss der eigene Weinkühlschrank her. Deine Freunde werden beeindruckt sein: Du bist sogar bereit, offenen Auges die Klimakatastrophe herbeizuführen – solange der Wein, den du zu diesem Anlass reichst, nur gut gekühlt ist.

CHAUSETTES DE VIN:

Übersetzt: **„Weinsocken“.**
Das sind Manschetten, die du um die Weinflaschen legen kannst, um Blindverkostungen durchzuführen.

WICHTIG: Du solltest die Chaussettes dekorativ in der **Nähe deines Weinkabinetts** platzieren. Falls du ein 5er-Set erworben hast, wirf sofort nach dem Kauf ein oder zwei der Manschetten sichtbar in einen Papierkorb. Damit erweckst du den Anschein, dass du tatsächlich regelmäßig Blindverkostungen durchführst – **nur eben nicht gerade jetzt.**

In Wirklichkeit solltest du dich natürlich niemals auf so ein unverantwortlich leichtsinniges Selbstmordkommando einlassen. **Wieso ein unnötiges Risiko eingehen, wenn es viel einfachere Wege gibt, zum Weinguru aufzusteigen?** (Nämlich mit den Tricks, die wir dir in diesem Buch zeigen.)

NOTFALL-SET TIPP 04

MIT ABSCHRECKUNG ARBEITEN:

Mithilfe der geeigneten Verbalkeule kannst du deinen Konkurrenten für den ganzen Abend oder sogar **dein ganzes Leben** loswerden. Hier hat sich vor allem folgender Satz bewährt:

„Oh, schon halb neun? Höchste Zeit für mein Ebola-Medikament."

Das wird die Diskussionsfreude deines Gegenübers sprung- und dauerhaft senken. **Von nun an wird er sich überall da aufhalten, wo du nicht bist. Und dort kann er dir nicht mehr das Wasser abgraben.**

Wichtig: Achte darauf, dass außer euch beiden niemand hört, was du da von dir gibst – **ansonsten werden möglicherweise ALLE GÄSTE da sein wollen, wo du nicht bist.**

Wer seinen Wein vor räuberischen Kraken sichern will, sollte sich für einen Korkverschluss entscheiden. In einem Aquarium in Neuseeland hat eine Tintenfischdame nämlich innerhalb kürzester Zeit gelernt, eine Flasche mit Schraubverschluss zu öffnen.

DEIN EIGENER WEINKELLER:

Die sicherste Methode, sprachlose Bewunderung unter deinen Gästen hervorzurufen, ist natürlich die Führung durch deinen eigenen Weinkeller, während der du launige Anekdoten mit dem Thema „Ich und meine Lieblingstropfen" zum Besten gibst.

Plan B, falls dein Budget die Einrichtung eines tatsächlichen Weinkellers nicht zulässt: Knall deine gesammelten Weinflaschen irgendwo in eine Ecke des Wäschekellers. In diesem Fall musst du auf die Führungen verzichten – stattdessen ziehst du dich in regelmäßigen Abständen würdig in dein „Allerheiligstes", das niemand außer dir betreten darf, zurück. Dort suchst du aus deinen Beständen einen neuen Tropfen heraus und bringst ihn zu deinen Gästen nach oben. Deine Freunde müssen sich mit einem Foto des pittoresken Gewölbes zufriedengeben, das angeblich deine Weinsammlung beherbergt – und das du aus einer alten Schöner-Wohnen-Zeitschrift ausgeschnitten hast.

MUST HAVES

WEINBELÜFTER:

Opi füllte den Wein in einen Dekantierer um und machte dann ein Nickerchen vor dem Kamin – denn der Wein musste erst mal mehrere Stunden lang atmen, bis alle Aromen sich eingestellt hatten. **Für einen modernen Genießer** wie dich kommen derart steinzeitliche Methoden nicht mehr in Frage: Du besitzt nämlich einen Belüfter – eine Art Standfilter, durch den hindurch du den Wein eingießt und der währenddessen einen Unterdruck erzeugt. Die Belüftung geschieht während des Eingießens – das heißt, **du verkürzt die benötigte Zeit von mehreren Stunden auf einige Sekunden.** Deine Gäste werden so beeindruckt von deiner Coolness und deinem Know-how sein, dass sie es weder wagen werden, die Qualität des von dir servierten Tropfens noch deine Kennerschaft jemals wieder in Zweifel zu ziehen.

FUN FACTS

Der älteste Traubenwein der Welt steht in einem Museum in Speyer. Der Inhalt des Gefäßes aus dem Jahr 325 n. Chr.: ein flüssig-klarer Bodensatz und ein harziges Gemisch. Analysen ergaben, dass ein Teil der Flüssigkeit Wein gewesen sein muss. Manche Weintrinker glauben, dass es sich um die erste Flasche Retsina handelt, ein griechischer Wein, der schmeckt, als würde man an der Rinde einer harzigen Zeder lecken.

INFRAROT-WEINTHERMOMETER:

Fast jeder Weindepp weiß inzwischen über die richtigen Serviertemperaturen Bescheid (Schaumwein 7°, Weißwein 9-12°, junge Rotweine 14°, Rotwein 16-18°). **Doch wie warm ist das Gesöff, das du gerade in der Hand hältst?** Du solltest den Anschein erwecken, dass du die Temperatur jeder beliebigen Flasche Wein natürlich sofort und ohne jegliches Hilfsmittel abschätzen könntest – aber mit dem RICHTIGEN Hilfsmittel machst du sogar noch mehr Eindruck. Das Infrarot-Messgerät musst du nur kurz an die Flasche halten, schon zeigt es dir die Temperatur des Inhalts an. Danach wirfst du nur noch ein lässiges „Jepp, genau wie ich dachte" in die Runde, und niemand wird mehr an deiner Stellung als Weinpapst zweifeln.

NO-GO'S

DIE „FALSCHEN" WEINE SERVIEREN:

Die Geschmäcker sind unterschiedlich. Aber wenn du vor deinen Gästen nicht als vinologischer Vollpfosten dastehen willst, solltest du wissen, wo die Grenze des guten Geschmacks erreicht ist. Zum Beispiel bei alkoholfreiem Wein. Okay, es gibt Menschen, die aus gesundheitlichen Gründen keinen Alkohol trinken oder weil sie noch Auto fahren müssen. Die sollten sich aber besser an alkoholfreies Bier halten. Denn: Falls du dich immer schon gefragt hast, wie eingeschlafene Füße schmecken – nach einem Schluck alkoholfreiem Wein weißt du es. **Also Finger weg von diesem Gebräu.**

Das gleiche gilt für Sangria, Rotwein-Cola und Chardonnay, die Diddl-Maus unter den Weißweinen: FRÜHER MEGA-IN, HEUTE MEGA-OUT!

DIE BERÜHMTESTEN WEIN-KRITIKER NICHT KENNEN:

„Wine Spectator? Nie gehört." Und: „Robert Parker? Ist das nicht das Alter Ego von Spiderman?" **Mit Sätzen wie diesen kannst du dich innerhalb von Sekunden ganz weit aus dem Orbit der Weinkenner herausschießen.** Robert Parkers Fachzeitschrift Wine Spectator ist für viele Weinfreaks, was die Bibel für einen katholischen Priester ist: das Buch der Bücher, das Maß aller Dinge. Offen zuzugeben, dass du noch nie etwas **„von diesem Parker"** oder seinen Kollegen Luca Maroni, Hugh Johnson und James Suckling gehört hast, ist so, als würdest du auf einer Degustation aus dem Spucknapf trinken. Oder zu einem Château Margaux eine Schüssel Marshmallows reichen.

Aussagen wie *„Dieser Wein schmeckt so genial, der ist bei Parker 'ne klare 120" oder „Der Espresso ist Weltklasse, dem hat Luca Maroni bestimmt über 90 Punkte gegeben"* weisen dich als hoffnungslosen Dilettanten aus, der nicht mal Merlot von Malzbier unterscheiden kann.
Der Grund: Bei Parker und Maroni gibt es maximal 100 Punkte. Und zwar ausschließlich für Wein.
Noch armseliger sind nur Formulierungen wie:
„Dieser Wein hat 2 Michelin-Sterne / 5 Sterne bei Amazon / oder 12 Punkte in Flensburg."

FALSCHES ÖFFNEN DER WEINFLASCHE:

Wenn du glaubst, du wirkst wie ein Vollprofi, wenn du den Korken mit einem lauten **„Plopp"** aus der Flasche ziehst, dann liegst du komplett falsch. Erstens leidet der Wein durch den plötzlichen Wechsel von Normal- zu Unterdruck und zweitens will keiner deiner Gäste ein irreparables Knalltrauma erleiden. Unter echten Weinkennern wirkt ein Korkenploppen wie ein Furz bei der leisesten Stelle einer Oper: unangemessen und quälend für die anderen Gäste. Die meisten Korkenzieher lösen das Plopp-Problem von selbst. Wenn du aber den Wein mit einem T-Korkenzieher oder einem Kellnermesser öffnest, musst du die Flasche vor den Unterkörper halten und den Korken ganz langsam rausziehen. Sonst gibt es den erwähnten Knall, und du entlarvst dich als rücksichtsloser Weinprolet.

„CHUCK NORRIS ENTKORKT KEINEN WEIN, DER WEIN ENTKORKT SICH VON SELBST. AUS RESPEKT!"

NOTFALL-SET TIPP 05

DEN GANZEN KÖRPER EINSETZEN:

Wenn alles andere nicht hilft, halte dich an den bewährtesten Konfliktvermeidungs-Klassiker überhaupt: **in Ohnmacht fallen.** Dies solltest du vorher zu Hause gründlich proben, damit es glaubwürdig rüberkommt. Am besten ist die Wirkung, wenn du gerade folgenden Satz begonnen hast: *„Der echte Weinkenner weiß natürlich, dass du kompletten Unsinn redest, weil … " oder – noch besser: „Der Unsinn, den du über die Böden des Perigord erzählst, regt mich so auf, dass …"*

An diesem Punkt greifst du dir an dein Herz und sinkst formvollendet zu Boden. **Wichtig:** Diese Taktik solltest du nur anwenden, wenn du dich gerade in einem Raum mit Teppichboden befindest – und nicht im steinigen Weinkeller. Sonst wird aus dem vorgetäuschten gesundheitlichen Drama schnell ein echtes.

DIE FALSCHEN GLÄSER:

Du kannst die teuersten und erlesensten Weine im Haus haben – wenn du nicht weißt, in welches Glas welcher Wein gehört, hast du verschissen. Deshalb ist es essenziell, dass du für **Rotwein nicht dasselbe Glas nimmst wie für Weißwein** und auch verschiedene Rotweine in den dafür vorgesehenen Gläsern servierst. Wenn du also nicht als **Germany's Next Wein-Trottel** in die Geschichte eingehen willst, trinke niemals einen Chablis aus einem Burgunder- oder einen Brunello aus einem Riesling-Glas. Und selbst wenn du das richtige Glas zum richtigen Wein ausgesucht hast, lauern immer noch zahlreiche Fettnäpfchen, mit denen du dich vor deinen Gästen ultimativ blamieren wirst:

AUCH WENN DEINE INNERE STIMME ES DIR BEFIEHLT:

Fülle dein Glas nie bis zum Rand. Denn dies kann nur eins bedeuten: Du bist ein hoffnungsloser Alkoholiker, dessen Manieren weit unter denen eines tollwütigen Wildschweins liegen. **Dieselbe Einschätzung gilt für den Fall, dass du dein Glas in einem Zug leerst.** Danach ein lautstarker Rülpser zusammen mit einem tief empfundenen *„Aaaaaah, jetzt geht's mir besser"* machen das Fiasko perfekt.

FALSCHE AUSSPRACHE:

Wenige Dinge entlarven dich so schnell und so nachhaltig als önologischen Voll-Schwachmaten wie die falsche Aussprache eines Weines oder einer Rebsorte. **Der Satz: „Ich trinke am liebsten Tschianti", ist schon schlimm genug.** Wenn du dann aber noch erwähnst, wie gut dir der „Tschianti" zu „Gnotschi" schmeckt und du nach einem italienischen Essen immer einen „Expresso" trinkst, ist dein Image als ahnungsloser Primitivling komplett.

WEITERE AUSSPRACHE-FEHLER, DIE DU DRINGEND VERMEIDEN SOLLTEST:

Prosecco	→	Prosätcho
Pinot Grigio	→	Pinno Grittschio
Cabernet Sauvignon	→	Kabernett Sauvignon
Moët et Chandon	→	Mött ett Schänden
Rioja	→	Rio-ja [mit deutschem „j"]

PROMI-ALARM

KAISER FRANZ BECKENBAUER,

im eigenen Land schwer unter Druck wegen seiner Verstrickung in **die Affäre um die Vergabe der WM 2006,** fand einen – seiner früheren Spielweise angemessenen – eleganten Weg, um die größtmögliche Entfernung zwischen sich und seine Kritiker zu bringen: 2013 erwarb er ein Weingut in Südafrika – **13.000 km entfernt von Bern,** wo die Staatsanwaltschaft im Fußball-Skandal ermittelte.

WEINPAPST ROBERT PARKER

(nicht zu verwechseln mit Peter Parker) erhielt eine ganz besondere Ehrung: Er wurde zur Hauptfigur in einem **französischen Comic** („Les sept péchés capitaux") und trat damit die Nachfolge von Asterix, Obelix und Lucky Luke an. Parker selbst zeigte sich darüber begeistert und vergab für den Comic die Höchstwertung von 100 Parker-Punkten.

OFT WURDE VON DEM PASSIONIERTEN WINZER GÉRARD DEPARDIEU behauptet, er würde **alle möglichen Alkoholika** literweise und wild durcheinander in sich hineinschütten. Doch in einem Interview stellte er klar, dass diese Gerüchte grundfalsch sind – die Alkoholzufuhr unterliegt einer präzisen Systematik. **Hier ein typischer Tagesplan:**

8-10 UHR:	1 Flasche Champagner oder Rotwein zum Wachmachen
10-12 UHR:	1 weitere Flasche Champagner und ½ Flasche Pastis
12 UHR:	2 Flaschen Wein zum Mittagessen
12-17 UHR:	1-2 weitere Flaschen Champagner, dazu Bier
17 UHR:	der Rest der Pastis-Flasche
AB 17 UHR:	strenge Wein-Abstinenz, stattdessen nur noch Whisky und Wodka

Trotz der erstaunlichen Menge an Hochprozentigem, die er sich einverleibt, gab Depardieu an, nur selten wirklich betrunken zu sein. Sein Rezept gegen den Vollrausch: **Ein 10-minütiges Nickerchen und ein Schluck Rotwein zur Ausnüchterung.**

PROMI-ALARM

SOKRATES,

griechischer Philosoph im 5. Jahrhundert vor Christus, war ebenfalls großer Weinfan, aber ein bedächtiger Genießer. Als er nach einem Festmahl den letzten Wein auf die Erde ausgoss, machten ihm die anderen Gäste Vorwürfe, dass er den Wein verderbe. Sokrates antwortete, dass der Wein genauso verderben würde, wenn er ihn getrunken hätte – nur dass dieser dann auch ihn selbst verderben würde. **Auf diese Weise schaffte es der Philosoph, 70 Jahre alt zu werden** – bis er seine guten Gewohnheiten vernachlässigte und einen Becher bis zum letzten Tropfen leerte. Ausgerechnet in diesem hatten Scherzbolde den Wein durch Gift ersetzt. Damit nahm Sokrates' Karriere als Weinfreund ein abruptes Ende.

ZU DEN PROMIS,

die ihre **eigenen Weinsorten** kreieren, gehört neben Antonio Banderas, Joko Winterscheidt, Angelina Jolie und Brad Pitt (bis zu ihrer Trennung), Matthias Schweighöfer, Günther Jauch und Sting auch Til Schweiger. Seinen Rotwein benannte er nach Tochter Emma, den Weißwein nach Tochter Luna. Die dritte Tochter Lili ging lange Zeit leer aus, nach ihr war nur ein Tee in Schweigers Getränke-Sortiment benannt. Erst als der Darsteller auch Rosé ins Programm aufnahm, wurde der **Familienfrieden völlig wiederhergestellt:** durch den 2018er „Lili Rosato".

FUN FACTS

Sich selbst schöntrinken: In einer Studie der Universität Bristol wurden 40 Frauen fotografiert – einmal, bevor und einmal, nachdem sie ein Glas Wein getrunken hatten. Die dabei entstandenen Fotos wurden dann (nüchternen) Männern gezeigt, verbunden mit der Frage, welche der Abgebildeten ihnen attraktiv erscheinen. Ergebnis: Die leicht angetüdderten Frauen kamen bei den Betrachtern signifikant besser weg.

FUN FACTS

In zahlreichen Spielfilmen spielt Wein quasi die Hauptrolle:

In **Sideways** (2004) macht Paul Giamatti eine feuchtfröhliche Reise durchs kalifornische Weinanbaugebiet.

In **American Psycho** (2000) metzelt sich Christian Bale durch Downtown Manhattan, weiß aber stets die harmonische Milde eines exquisiten Chardonnay zu schätzen.

In **Die Passion Christi** (2004) nehmen die Hauptfigur und seine Freunde zunächst in gepflegter Atmosphäre einen guten Schluck zu sich, bevor die Geschichte eine unerwartete und schockierende Wendung zum Schlechteren nimmt.

In **Brust oder Keule** (1976) erkennt Louis de Funés bei einer Weinprobe einen 1953er St. Julien Château Léoville-las-Cases nur am Aussehen.

In **Das Geheimnis von Santa Vittoria** (1969) versteckt Anthony Quinn eine Million (!) gestohlener Weinflaschen vor den Nazis.

Und in **Vicky, Christina, Barcelona** (2008) durchleben Scarlett Johansson, Penelope Cruz und Javier Bardem zahlreiche persönliche, sexuelle und künstlerische Krisen – aber nie ohne ein Glas spanischen Rotwein in der Hand.

Peter Gitzinger, Linus Höke und Roger Schmelzer
sind seit vielen Jahren als Autoren für zahlreiche Kabarett- und Comedyshows im deutschen Fernsehen tätig. Neben Drehbüchern verfassen sie Theaterstücke und erarbeiten Bühnenprogramme für etablierte Kabaretthäuser und Comedians. Linus Höke ist zudem der Verfasser des Bestsellers „Shades of Hä?". Alle drei Autoren leben in und um Köln herum.

1. Auflage 2020
– Originalausgabe –

ISBN 978-3-8303-4483-4

Texte: Peter Gitzinger, Linus Höke, Roger Schmelzer

Lektorat: Ariane Ossowski
Covergestaltung: Ulrike Boekhoff
Bildredaktion und Gestaltung: Malina Franjicevic

Druck und Bindung: Livonia Print
Printed in Latvia

MIX
Papier aus verantwortungsvollen Quellen
FSC® C002795
FSC www.fsc.org

Triff uns auf facebook.com/lappanverlag
und auf instagram.com/lappanverlag
www.lappan.de

Bildnachweis:
Seite 1-3, 10-11, 22-29, 32, 39, 42-45, 47, 48 Hintergrund: Beauty Creative/shutterstock.com
Seite 1, 25 oben, 26 links, 27 links, 28, U4: mejorana/shutterstock.com
Seite 2, 4, 6 unten, 25 unten: Twin Design/shutterstock.com
Seite 3 oben, 8 oben: Olga Popova/shutterstock.com
Seite 3 links unten: rikkyall/shutterstock.com
Seite 3 rechts unten, 39 unten: Xeyal Yaqubov/shutterstock.com
Seite 5 oben: nutt/shutterstock.com
Seite 5 unten: AVA Bitter/shutterstock.com
Seite 6 rechts: Chiyacat/shutterstock.com
Seite 7: Kseniia Fast/shutterstock.com
Seite 8: watcharaphan kanthasap/shutterstock.com
Seite 9: Ficus777/shutterstock.com
Seite 10 unten, 11 links, 22 unten, 23 links, 32 unten: Voin_Sveta/shutterstock.com
Seite 10 links, 11 rechts, 22 rechts oben, 39 rechts: nelelena/shutterstock.com
Seite 11 oben: Irina Leviskaya/shutterstock.com
Seite 12-21 Hintergrund: taviphoto/shutterstock.com
Seite 12 links, 32 oben, U4: LuckyN/shutterstock.com
Seite 13 oben: Wiktoria Matynia/shutterstock.com
Seite 14, 35, 42 unten, 44 unten: gomolach/shutterstock.com
Seite 15: StevanZZ/shutterstock.com
Seite 16, 23: studiostoks/shutterstock.com
Seite 17 links, rechts: Rosamund Parkinson/shutterstock.com
Seite 18 oben: Istry Istry /shutterstock.com
Seite 19 links: rawf8/shutterstock.com
Seite 19 rechts, Fun facts: Jeni lv/shutterstock.com
Seite 20, 21: mamaruru/shutterstock.com
Seite 22 unten, 27 rechts, Cover: rogistok/shutterstock.com
Seite 24: CSKN/shutterstock.com
Seite 26 unten, 30 rechts: Squirrell/shutterstock.com
Seite 29: lenaalyonushka/shutterstock.com
Seite 30-35, 46 Hintergrund: Vlad Klok/shutterstock.com
Seite 31 oben: Adil Celebiyev/shutterstock.com
Seite 31 unten: Kapitosh/shutterstock.com
Seite 33 oben: Blackline_design/shutterstock.com
Seite 33 Mitte: ducu59us/shutterstock.com
Seite 33 unten: Stjepan Tafra/shutterstock.com
Seite 34 links: Angelo Giampiccolo/shutterstock.com
Seite 34 rechts: Steve Cukrov/shutterstock.com
Seite 36: Africa Studio/shutterstock.com
Seite 37, 41 Hintergrund: MicroOne/shutterstock.com
Seite 37 unten: art designer/shutterstock.com
Seite 39 links: RoseStudio/shutterstock.com
Seite 40: New Africa/shutterstock.com
Seite 43 rechts: gst/shutterstock.com
Seite 44 oben: Vlada Young/shutterstock.com
Seite 45 rechts: aquariagirl1970/shutterstock.com

Endlich mitreden!